# Cooking
## in the
## French Fashion

# Cooking in the French Fashion

WRITTEN BY
**Stephanie Ovide**

ILLUSTRATED BY
**Maurita Magner**

HIPPOCRENE BOOKS, INC.
*NEW YORK*

ISBN 0-7818-0739-5

For information, address:
HIPPOCRENE BOOKS, INC.
171 Madison Avenue
New York, NY 10016


Printed in the United States of America

## Ce livre est dédié à:

*"Tatie Babeth" pour qui cuisiner
c'est avant tout donner de l'amour,
"Lilou" qui m'a enseigné le raffinement
des choses simples,
L'homme qui partage ma vie et ma passion
pour la bonne cuisine, Marco.*

## This book is dedicated to:

*"Tatie Babeth" for whom cooking
is above all to give love,
"Lilou" who taught me the refinement
of simple things.
The man who shares my life and my passion
for good food, Marco.*

# Table de matières

---

# Table of Contents

## *Hors d'oeuvres*
## Appetizers

## *Viandes*
## Meats

## Oeufs et Poissons
## Eggs and Fish

## *Légumes*
## Vegetables

## *Desserts*
## Desserts

# PREFACE

e jour de mes douze ans, j'ai décidé de préparer mon repas d'anniversaire pour toute ma famille. J'ai utilisé des recettes tirées de mon premier livre de cuisine illustré, *La cuisine est un jeu d'enfant* écrit par le célèbre cuisinier français, Michel Oliver. Depuis ce jour, j'ai toujours considéré la cuisine comme une expérience ludique et relaxante à partager.

La cuisine française est communément associée à des mets d'un extrême raffinement qui nécessitent plusieurs heures de préparation et un grand talent culinaire. *Cooking in the French Fashion* vous présente une approche différente. Dans ce livre vous découvrirez comment les Français ont su réconcilier leur cuisine traditionelle avec les impératifs de la vie moderne. Toutes les recettes inclues dans ce livre sont inspirées de mes dîners parisiens de mes amis et de ma famille.

Avec le temps, et selon ce qui se trouvait dans mon réfrigérateur, j'ai personalisé ces délicieuses recettes. Je vous encourage à faire de même et à utiliser vos goûts et votre créativité pour faire une place à la cuisine française dans votre vie quotidienne.

Lorsque je me suis installée à New York, j'ai réalisé qu'il n'était pas courant de préparer un repas quotidien à partir d'ingrédients de bases. En France, nous aimons cuisiner avec des produits frais et naturels. Les aliments "prêts à l'emploi" ne sont pas très répandus. Ce livre vous montrera qu'il n'est pas toujours plus long d'utiliser des ingrédients naturels et c'est tellement meilleur!

Avec une version française et anglaise pour chaque recette, *Cooking in the French Fashion* vous offre également une excellent occasion de pratiquer votre prononciation et votre vocabulaire français tout en préparant des plats exquis.

Alors, soyez élégante jusqu'au bout avec votre tablier!

Bon Appétit!

# INTRODUCTION

When I turned twelve years old, I decided to prepare a birthday lunch for my entire family. I used recipes from my very first illustrated cookbook, *Cooking is a Game for Kids* by famous French cook, Michel Oliver. Since then, I have always considered cooking a fun, relaxing and sharing experience.

French cuisine is commonly associated with extremely refined food that takes hours to prepare and requires advanced cooking skills. *Cooking in the French Fashion* presents you with a different approach. In this book, you will discover how French people reconcile their traditional cuisine with the requirements of modern life. All the recipes included in this cookbook were inspired by my Parisian dinner parties, my friends and family.

With time, and depending on what I had in my fridge, I personalized these savory recipes. I encourage you to do the same and use your taste and creativity to make French cuisine a part of your everyday life.

When I came to New York, I realized that preparing an everyday meal "from scratch" was not common. In France, we like to cook with fresh and natural ingredients. Processed food is not that popular. This book will show you that it does not always take more time to use natural ingredients and it tastes so much better!

With a French and an English version of each recipe, *Cooking in the French Fashion* will give you an excellent opportunity to practice your French pronunciation and vocabulary while preparing exquisite dishes.

So, stay glamorous all the way with your apron!

Bon Appétit!

# Hors d'oeuvres

## Appetizers

# Artichauts vinaigrette
(4 personnes)

INGRÉDIENTS:
2 tasses à thé d'eau
Gros sel
4 artichauts
Vinaigre pour tremper les
    artichauds

VINAIGRETTE:
1 oeuf
3 cuillerées à café de vinaigre
9 cuillerées à café d'huile
Sel, poivre

Faites bouillir de l'eau salée dans une grande marmite.

Pendant ce temps, coupez les tiges des artichauts et les feuilles extérieures, filandreuses.

Laissez tremper les artichauds 5 minutes, la tête en bas, dans de l'eau froide vinaigrée, pour en déloger les pucerons. Passez ensuite les artichauts sous le robinet en écartant légèrement les feuilles pour mieux les laver.

Plongez les artichauts dans l'eau en ébullition. Couvrez et laissez bouillir de 40 à 45 minutes. Egouttez les artichauts aussitôt cuits dans une passoire à pieds, la pointe des feuilles en bas, pour que l'eau s'écoule.

Faite bouillir de l'eau dans une petite casserole. Placez-y l'oeuf et laissez bouillir durant 10 minutes.

Mélangez dans un bol le vinaigre, l'huile, le sel et le poivre. Ecrasez le jaune de l'oeuf dur dans la vinaigrette. Mélangez jusqu'à obtenir une sauce onctueuse.

Placez les artichauts dans un plat et servez la vinaigrette à part.

*Les artichauts, une fois cuit, doivent être consommés dans les 2 jours qui suivent, au delà ils deviennent toxiques.*

# Artichokes Vinaigrette
(4 servings)

INGREDIENTS:
2 cups water
Salt
4 artichokes
Vinegar for soaking

VINAIGRETTE:
1 egg
3 teaspoons vinegar
9 teaspoons oil
Salt, pepper

Bring salted water to a boil in a large pot.

In the meantime, cut off the stems of the artichokes and remove the fibrous exterior leaves.

Soak the artichokes upside down for 5 minutes in cold water and vinegar to get rid of greenfly. Rinse the artichokes under running water and separate the leaves slightly to facilitate washing.

Plunge the artichokes in boiling water. Cover the saucepan and cook for 40 to 45 minutes. Once cooked, turn the artichokes upside down in a colander to drain.

In a small saucepan, hard-boil one egg in water for 10 minutes.

In a bowl, combine vinegar, oil, salt and pepper. Crush the egg yolk and add it to the vinaigrette. Stir until obtaining a creamy dressing.

Place the artichokes in a dish and serve the vinaigrette on the side.

*Once cooked, the artichokes have to be eaten within 2 days otherwise they become toxic.*

# *Aubergines frites*
(4 personnes)

INGRÉDIENTS:
2 livres d'aubergines
3 à 4 cuillerées à soupe de farine
1 tasse à thé d'huile
Sel, poivre

Coupez les aubergines en tranches de ½ pousse d'épaisseur. Salez chaque tranche et laissez dégorger pendant 30 minutes. Essuyez-les avez du papier absorbant. Farinez-les légèrement et régulièrement.

Plongez-les par petites quantités dans la friture bien chaude et laissez-les cuire de 2 à 3 minutes à feu moyen. Lorsqu'elles remontent blondies, sortez-les et diposez-les sur du papier absorbant. Salez, poivrez et servez aussitôt.

*Pour adoucir le goût un peu acre de l'aubergine, ce plat peut être accompagné d'une sauce à base de yaourt.*

# Fried Eggplant
(4 servings)

INGREDIENTS:
2 pounds eggplants
3 to 4 tablespoons flour
1 cup oil
Salt, pepper

Cut the eggplants in ½-inch wide slices. Salt each slice of eggplant and leave for 30 minutes to make them release water. Dry them with a paper towel. Lightly and evenly, sprinkle with flour.

Plunge a small amount of eggplant into the very hot oil and fry for 2 to 3 minutes over medium heat. Once the slices are golden, remove them from the pan and drain on paper towels. Season with salt, pepper, and serve immediately.

*In order to lessen the slightly sour taste of the eggplant, this dish can be served with a yogurt based dressing.*

# Quiche lorraine
## (4 personnes)

INGRÉDIENTS
Pâte brisée:
¾ tasse à thé de farine
6 onces (1½ bâton) de beurre, coupé en morceaux
½ cuillerée à café de sel
½ tasse d'eau

GARNITURE:
½ livre (environ 15 tranches) de lard maigre ou jambon
2 tasses à thé de crème fraîche
3 oeufs
Sel, poivre

*Pour préparer la pâte brisée:* Mélangez bien farine, beurre et sel en pressant et frottant les paumes des mains l'une contre l'autre. Ajoutez l'eau. Pétrissez vivement et laissez la pâte reposer pour quelques heures. Etendez la pâte au rouleau et garnissez-en une tourtière de 9 pouces de diamètre.

Allumez le bas du four à 400°F. Coupez le lard en dés. Plongez-les dans de l'eau bouillante. Dès que l'eau est revenue à ébullition, sortez les lardons et égouttez-les. Mettez-les dans une tourtière garnie de pâte.

Dans un bol, battez ensemble crème fraîche, oeufs, sel et poivre. Versez sur les lardons. Faites cuire à 400°F pendant 30 minutes environ. Servez chaud.

*Vous pouvez remplacer le lard maigre par du jambon fumé ou du jambon blanc.*

# Quiche Lorraine
(4 servings)

INGREDIENTS:
Short crust pastry:
¾ cup flour
6 ounces (1½ sticks) butter, cut in pieces
½ teaspoon salt
½ cup water

FILLING:
½ pound (about 15 slices) streaky bacon or ham
2 cups sour cream
3 eggs
Salt, pepper

*To prepare the crust:* combine flour, butter and salt and mix thoroughly by pressing and rubbing in between the palms of your hands. Add water to the pastry. Knead well. Let the dough rest for several hours. Roll into a circle and line a 9-inch pie pan.

Preheat the oven to 400°F. Dice the bacon into small cubes. Plunge cubes in boiling water. As soon as the water begins boiling again, remove it and drain. Sprinkle the diced bacon onto the crust.

In a bowl, stir together the sour cream, eggs, salt and pepper. Pour the mixture over the bacon. Bake at 400°F for approximately 30 minutes. Serve hot.

*You can replace the streaky bacon with smoked or boiled ham.*

# Oeufs mayonnaise à la parisienne
(4 personnes)

MAYONNAISE:
1 jaune d'oeuf
½ cuillerée à café de moutarde forte
1 tasse à thé d'huile
1 cuillerée à café de vinaigre
¼ cuillerée à café de citron
Sel, poivre

INGRÉDIENTS:
4 oeufs durs
¼ tasse à thé de persil haché
1 petite laitue

*Pour préparer la mayonnaise:* Mélangez dans un bol le jaune d'oeuf et la moutarde. Incorporez peu à peu l'huile en la versant en filet et sans cesser de mélanger. Une fois la mayonnaise bien ferme, ajoutez le citron, sel et poivre.

Ecalez les oeufs durs et coupez-les en deux, dans la longueur. Retirez-en délicatement les jaunes. Ecrasez 3 jaunes et mélangez-les avec le persil haché et la mayonnaise. Remplissez les demi-blancs d'oeufs avec ce mélange. Emiettez le jaune restant et parsemez-en les oeufs.

Lavez et égouttez les feuilles de laitue. Mettez-les dans un joli plat. Déposez dessus les oeufs farcis.

*Préparez cette entrée en dernière minute, car les jaunes d'oeuf durs risquent de se ternir après un certain temps. Si vous êtes pressé, rien ne vous empêche d'utiliser de la mayonnaise toute faite.*

# Egg with Mayonnaise à la parisienne
(4 servings)

MAYONNAISE:
1 egg yolk
½ teaspoon strong mustard
1 cup oil
1 teaspoon vinegar
¼ teaspoon lemon
Salt, pepper

INGREDIENTS:
4 hard-boiled eggs
¼ cup chopped parsley
1 small lettuce

*To prepare the mayonnaise:* combine in a bowl the egg yolk and
mustard. Add the oil slowly, in a thin dribble, stirring constantly.
Once the mayonnaise is firm, add vinegar, a dash of lemon, salt and
pepper.

Hull the hard-boiled eggs and cut them in half, lengthwise.
Cautiously remove egg yolks. Crush 3 of the egg yolks and stir with
chopped parsley and mayonnaise. Garnish the egg whites with the
mixture. Chop the last egg yolk and sprinkle over the eggs.

Wash and drain the lettuce leaves and place them in a serving dish.
Present the stuffed eggs on the lettuce leaves.

*It is better to prepare this appetizer at the last minute. The boiled egg
yolks tend to darken after a while. If you are in a rush, you can use a
ready-made mayonnaise.*

# Salade de pommes de terre de Cody
(4 personnes)

INGRÉDIENTS:
2 livres de pommes de terre
5 cuillerées à soupe d'huile
1½ cuillerées à soupe de vinaigre
Sel, poivre
4 à 5 cuillerées à soupe de vin blanc sec
1 cuillerée à soupe de persil
1 cuillerée à thé de cerfeuil
1 cuillerée à thé de ciboulette

Faites bouillir les pommes de terre avec leur peau dans de l'eau salée, de 25 à 30 minutes ou jusqu'à ce qu' elles soient tendres.

Préparez la vinaigrette: Mélangez dans un bol huile, vinaigre, sel et poivre.

Pelez-les pommes de terre encore chaudes et coupez-les en rondelles dans un saladier. Arrosez-les aussitôt de vin blanc tiède, puis de vinaigrette. Parsemez de fines herbes hachées et servez.

*Les pommes de terre sont meilleures chaudes. Préparez-les autant que possible au dernier moment. Le vin blanc leur donne du goût et du "moelleux."*

# Cody's Potato Salad
(4 servings)

INGREDIENTS:
2 pounds potatoes
5 tablespoons oil
1½ tablespoons vinegar
Salt and pepper
4 to 5 tablespoons dry white wine
1 tablespoon chopped parsley
1 teaspoon chopped chervil
1 teaspoon chopped chives

Cook the potatoes with skin in boiling salted water, for 25 to 30 minutes, or until tender.

Prepare the dressing combining oil, vinegar, salt and pepper in a bowl.

Once cooked, peel the potatoes and slice them in a salad bowl. Pour the lukewarm wine on the potatoes along with the dressing. Sprinkle the parsley, dill and chives over the salad.

*The potatoes taste better when served warm. Prepare the salad at the last minute. The wine adds flavor and a smooth texture.*

# Soufflé au fromage
(4 personnes)

SAUCE BÉCHAMEL:
2 onces (4 cuillerées à soupe) de beurre
¼ tasse à thé de farine
1 tasse à thé de lait froid
Sel, poivre

INGRÉDIENTS:
½ cuillerée à soupe de beurre
3 oeufs séparés
Sel
1 tasse à thé de fromage râpé (Gruyère, Emmenthal)

Chauffez le four à 350°F.

*Préparez un sauce Béchamel épaisse:* Faites fondre, sur feu doux, le beurre. Ajoutez-y la farine. Délayez sur le feu pendant quelques secondes jusqu'à ce que le mélange soit mousseux. Ajoutez-y d'un seul coup le lait froid. Salez et poivrez. Mélangez jusqu'à épaississement.

Beurrez une moule à soufflé ou tout autre moule à haut rebort. Ajoutez une pincée de sel aux blancs d'oeuf et battez-les en neige très ferme.

Ajoutez à la Béchamel, hors du feu: le fromage râpé, les 3 jaunes d'oeuf, puis avec précaution, les blancs battus. Versez dans le moule. Faites cuir à 350°F de 25 à 30 minutes.

*Mettez votre soufflé au four quand vos invités arrivent. Attention, votre soufflé n'est pas cuit parce qu'il est bien gonflé! Laissez-le dans le four assez longtemps car un soufflé bien cuit en profondeur retombe moins rapidement.*

# Cheese Soufflé
(4 servings)

BÉCHAMEL SAUCE:
2 ounces (4 tablespoons) butter
¼ cup flour
1 cup cold milk
Salt, pepper

INGREDIENTS:
½ tablespoon butter
3 eggs, divided
Salt
1 cup shredded cheese (Gruyère or Swiss)

Preheat the oven to 350°F.

*To prepare a thick Béchamel sauce:* melt butter in a saucepan at low heat. Add flour. Stir for a few seconds until foaming. Add cold milk at once then add salt and pepper. Stir until the sauce becomes thick.

Grease a soufflé pan or other deep dish with tall sides with butter. Combine the egg whites and a pinch of salt in a mixing bowl. Beat stiffly.

Remove the Béchamel from the heat and add the shredded cheese and 3 egg yolks. Stir well and carefully fold in the egg whites. Pour in the soufflé pan. Bake at 350°F for 25 to 30 minutes.

*Bake the soufflé only after your guests have arrived. Beware, your soufflé is not cooked just because it is well puffed up! Leave it in the oven long enough because if it is cooked thoroughly, it will not go flat.*

# *Soupe de poisson provençale*
(4 personnes)

INGRÉDIENTS:
2½ à 3 livres de poisson (merlans, rougets, colinots,
     petits crabes, etc.)
1 gros oignon coupé en rondelles
4 cuillerées à soupe d'huile
2 tomates coupées en morceaux
1 branche de fenouil bâtard haché
½ feuille de laurier
9 tasses à thé d'eau
Sel, poivre
1 pincée de safran
3 gousses d'ail hachées
1 grande cuillerée à soupe de concentré de tomate
1 clou de girofle
4 biscottes
2 gousses d'ail coupées en deux
3 cuillerées à soupe de vermicelle (facultatif)
Fromage râpé (Gruyère)

Lavez et coupez les poissons. Dans une casserole, faites blondir
légèrement à l'huile l'oignon haché, puis les tomates coupées,
fenouil, laurier et les morceaux de poissons. Laissez cuire
10 minutes à feu moyen, en écrasant avec une cuiller en bois.

Ajoutez-y l'eau, sel, poivre, safran, gousses d'ail, concentré de
tomate et clou de girofle. Faites bouillir 25 minutes. Frottez les
biscottes avec de l'ail.

Passez la soupe à travers une moulinette à grille fine. Reportez à
ébullition. Jetez-y les vermicelles. Laissez cuire 7 à 10 minutes.
Servez avec le fromage râpé et les biscottes.

# Fish Soup Provençale
(4 servings)

INGREDIENTS:
2½ to 3 pounds small fish (whiting, red mullet or red gurnard,
      codling, small crabs etc.)
1 large onion, sliced
4 tablespoons olive oil
2 tomatoes, sliced
1 branch dill, chopped
½ bay leaf
9 cups water
Salt, pepper
1 dash saffron
3 garlic cloves, minced
1 large teaspoon tomato paste
1 clove
4 biscotti
2 cloves garlic, cut in half
3 tablespoons vermicelli (optional)
Shredded cheese (Gruyère)

Clean the fish and cut into pieces. In a large saucepan, cook onion
in oil until it becomes translucent. Add tomato slices, dill, bay leaf,
and fish. Cook all the ingredients over medium heat for
10 minutes stirring with a wooden spoon.

Add 9 cups of water, salt, pepper, saffron, garlic, tomato paste, and
clove. Bring to a boil and cook for 25 minutes. Rub the biscotti with
remaining garlic clove.

Strain the soup through a fine sieve and bring it to a last boil. Add
the vermicelli and cook for 7 to 10 minutes. Serve with shredded
cheese and biscotti.

*Bien que les feuilles de fenouil bâtard ajoutent du goût, une lamelle de fenouil fera l'affaire. La vraie soupe de poisson et la plus populaire s'appelle la Bouillabaisse. Elle ne peut être réalisée qu'avec du poisson de la mer Méditerrannée. Je n'ai donc pas voulu inclure la recette dans ce livre. Cependant, vous pouvez réaliser une délicieuse soupe de poisson avec du poisson venant des deux cotés de l'Atlantique.*

*Although dill adds a delicious taste, you can also use a sprig of fennel root. The original and most popular Fish Soup is called Bouillabaisse. It can only be properly made with fish available in the Mediterranean Sea, so I did not include the recipe in this book. However, a wonderful fish soup can be made with fish found on both sides of the Atlantic.*

# Viandes

## Meats

# *Blanquette de veau de Vivi*
(4 personnes)

INGRÉDIENTS:
2 livres d'épaule de veau
½ citron pressé
1 onion, piqué de 2 ou 3 clous de girofle
1 carotte
1 tasse à thé de persil haché
Thym
Laurier
Sel, poivre

SAUCE:
2 cuillerées à soupe de beurre
1 cuillerée à soupe bombée de farine
2 tasses à thé de bouillion de veau
Persil haché pour décorer

Coupez la viande en 8 morceaux. Frottez les morceaux de viande avec du citron afin qu'ils restent blancs. Dans une casserole combinez la viande avec l' oignon, carotte, persil, thym, laurier, sel, poivre. Ajoutez assez d'eau froide pour couvrir la viande. Portez à ébullition. Couvrez. Laissez bouillir doucement 75 minutes à feu moyen. Ecumez pendant la cuisson.

Préparez la sauce 30 minutes avant la fin de la cuisson de la viande. Mélangez sur feu doux le beurre avec la farine. Ajoutez-y le bouillon de blanquette. Remuez jusqu'à ébullition avec une cuiller en bois. Laissez mijoter 10 minutes sur feu doux.

Egouttez bien la viande, puis déposez-la sur un plat chaud. Recouvrez-de sauce. Saupoudrez avec un peu de persil haché.

# Vivi's Veal Blanquette
(4 servings)

INGREDIENTS:
2 pounds veal shoulder
Juice of ½ lemon
1 whole onion, pierced with 2 or 3 cloves
1 carrot
1 cup chopped parsley
Thyme
Bay leaf
Salt, pepper

SAUCE:
2 tablespoons butter
1 heaping tablespoon flour
2 cups veal broth
chopped parsley for garnish

Cut the meat in 8 pieces. Rub the meat pieces with the lemon juice to keep them white. In a large saucepan combine meat, onion, carrot, parsley, thyme, bay leaf, salt and pepper. Add enough cold water to cover the meat. Bring to a boil, cover and simmer over medium heat for 75 minutes. Remove any foam that rises during cooking.

Prepare the sauce 30 minutes before the meat cooking time is over. Mix butter and flour in a small saucepan over low heat and add the veal broth. Stir with a wooden spoon until the sauce comes to a boil. Cook for 10 minutes over low heat.

Drain the meat and place on a heated serving dish. Cover with the sauce and sprinkle with chopped parsley.

C'est une recette classique et délicieuse grâce à sa sauce crémeuse et subtilement parfumée. Cette recette est une version allegée de la blanquette de veau traditionelle. Cependant, vous pouvez préparez une sauce plus riche et goûteuse: ajoutez à la sauce un fois cuite 1 ou 2 cuillerées à soupe de crème fraiche, 1 jaune d'oeuf et un soupçon de jus de citron. Cette recette s'accomode très bien avec du riz nature ou des pommes de terre à la vapeur.

*This is a classic and delicious recipe with a creamy and subtly flavored sauce. This recipe is a low fat version of the traditional Veal Blanquette. However, you can prepare a richer and tastier sauce: add 1 to 2 tablespoons of sour cream along with 1 egg yolk and a pinch of lemon juice to the cooked sauce. A side dish of rice or steamed potatoes is recommended.*

# Coq au vin
## (6 personnes)

INGRÉDIENTS:
2 livres de coq*, coupé en morceaux
3 cuillerées à soupe de beurre
4 onces de couenne de porc coupée en morceaux
1 oignon haché
1 petite carotte finement haché
3 gousses d'ail finement haché
2 cuillerées à soupe de farine
1 verre à liqueur de cognac
3 tasses à thé de vin rouge
1 tasse à thé d'eau
1 cuillerée à soupe de concentré de tomate
Sel, poivre
1 tasse à thé de thym haché
½ tasse à thé de persil haché
Feuille de laurier
4 onces de lard de poitrine frais
1 tasse à thé de champignons de Paris coupés en tranches
Persil haché pour décorer

Coupez le coq en 7 morceaux et réservez le foie. Faites fondre dans un cocotte le beurre et la couennne coupée en morceaux. Mettez-y la volaille à dorer. Ajoutez ensuite oignon, carottes, ail. Saupoudrez de farine. Mélangez bien. Arrosez de cognac. Faites flamber sur feu vif.

Dans un bol, combinez le vin avec l'eau et le concentré de tomate. Versez le mélange dans la cocotte. Ajouter sel, poivre, thym, persil, feuille de laurier. Réduisez le feu. Couvrez et laissez mijoter de 1½ à 2 heures, suivant la fermeté de la volaille.

# Coq au Vin
(6 servings)

INGREDIENTS:
2 pounds cockerel,* cut in pieces
3 tablespoons butter
4 ounces pork belly, cut in pieces
1 cup chopped onion
1 small carrot, chopped
3 cloves garlic, chopped
2 tablespoons flour
1 liqueur glass cognac
3 cups red wine
1 cup water
1 tablespoon tomato paste
Salt, pepper
1 cup chopped thyme
½ cup chopped parsley
Bay leaf
4 ounces bacon
1 cup sliced mushrooms
chopped parsley for garnish

Cut the cockerel in 7 pieces and reserve liver. In a large pot melt butter and the pork belly pieces. Add the cockerel pieces and brown them. Add chopped onion, carrot and garlic cloves. Sprinkle with flour. Stir well. Pour the cognac and flambé on high heat.

In a bowl, combine the red wine, water and tomato paste. Pour the mix into the pot. Add salt, pepper, thyme, parsley, bay leaf. Reduce heat, cover, and cook for 1½ to 2 hours, depending on the firmness of the flesh.

Coupez le lard en morceaux. Plongez-les dans de l'eau froide, faites bouillir et égouttez-les.

Faites fondre les lardons dans une casserole, sur feu doux, pendant quelques minutes. Ajoutez-y les champignons. Faites sauter sur feu vif, de 5 à 8 minutes. Retirez du feu. Versez le tout dans un grand plat creux. Tenez au chaud.

Sortez la volaille de la cocotte et égouttez-la, conservez la sauce. Déposez la volaille dans un grand plat en compagnie des champignons et des lardons.

S'il est nécessaire d'épaissir la sauce, laissez-la bouillir sur feu vif quelques minutes. Puis incorporez-y le foie cru écrasé. Passez et versez sur le plat. Parsemez de persil haché avant de servir.

*Comme il est rare de trouver un coq dans la plupart des supermarchés, il peut être remplacé par un poulet.

*Choisissez un bon vin rouge assez épais, assez corsé. Comme légume d'accompagnement: des pommes de terre à l'eau ou à la vapeur.*

Cut the bacon in pieces. Soak in cold water, bring to a boil and drain.

Melt the bacon in a saucepan, on low heat for a few minutes. Add mushrooms and fry for 5 to 8 minutes. Remove from heat and put on a big deep plate. Keep warm.

Remove cockerel from the saucepan and drain, reserving sauce. Present in a large serving dish with the mushrooms and bacon.

To thicken the sauce, bring to a boil on high heat for a few minutes. Chop cockerel's liver and add to the sauce. Strain the sauce through a sieve and pour it over the meat. Sprinkle with parsley before serving.

*Since cockerel is rare to find in most supermarkets, it can be substituted with chicken.

*Choose a good thick and full-bodied red wine. The traditional vegetable side dish: boiled or steamed potatoes.*

# Foie de veau au vinaigre de framboise
(4 personnes)

INGRÉDIENTS:
¼ tasse à thé de farine
4 tranches de foie de veau (4 onces chacune)
4 cuillerées à soupe de beurre
Sel, poivre
2 cuillerées à soupe de vinaigre de framboise
2 cuillerées à soupe de persil haché

Farinez légèrement les tranches de foie de veau.

Dans une poêle, faites chauffer 2 cuillerées à soupe de beurre. Lorsqu'il est bien chaud, déposez-y les tranches de foie et laissez cuire à feu moyen, environ 2 ou 3 minutes de chaque côté. Retirez du feu, salez, poivrez et déposez dans un plat chaud.

Remettez dans la poêle le reste du beurre et le vinaigre de framboise. Laissez bouillir un instant, puis versez sur le foie. Ajoutez un peu de persil haché au moment de servir.

*La viande d'abat est souvent ignorée dans la cuisine américaine. Bien préparée, cette viande nourissante est un délice de la cuisine française.*

# Calf's Liver in Raspberry Vinegar
(4 servings)

INGREDIENTS:
¼ cup flour
4 slices calf's liver (4 ounces each)
4 tablespoons butter
Salt, pepper
2 tablespoons raspberry vinegar
2 tablespoons chopped parsley

Lightly sprinkle flour over the calf's liver.

Melt 2 tablespoons of butter in a pan. Once the butter is hot, add slices of calf's liver and cook, on medium heat for 2 to 3 minutes on each side. Remove from heat. Season with salt and pepper and keep warm on a serving plate.

Add remaining butter in the pan with raspberry vinegar. Bring to a boil for a few seconds and pour over the calf's liver. Just before serving, sprinkle with parsley.

*Variety meats or "abat" in French are often ignored in American cuisine. When properly prepared, this nutritious kind of meat is a delicacy of French cuisine.*

# Gigot d'agneau aux flageolets
(6 personnes)

INGRÉDIENTS:
1 petit gigot d'agneau
(3 à 4 livres)
4 gousses d'ail
2 cuillerées à soupe de beurre
Sel, poivre

GARNITURE:
1 boîte (2¼ livre) de flageolets
4 cuillerées à soupe de beurre
1 boîte (2¼ livre) de haricots
verts

Allumez le bas du four à 400°F.

Faites des petites coupures dans la viande avec un couteau aigu. Introduisez-y les gousses d'ail. Enduisez le gigot de 2 cuillerées à soupe de beurre. Salez, poivrez. Déposez dans un grand plat à feu.

Enfournez à 400°F de 35 à 40 minutes. Arrosez 2 ou 3 fois au cours de la cuisson avec de l'eau ou du bouillon.

15 minutes avant de sortir le gigot du four, égouttez les flageolets. Réchauffez-les doucement dans une casserole avec 2 cuillerées à soupe de beurre.

Egouttez les haricots verts. Rincez-les abondamment sous l'eau froide et plongez-les de 5 à 7 minutes dans de l'eau en ébullition pour les réchauffer. Egouttez à nouveau les haricots verts et incorporez-y le reste de beurre.

Coupez la viande et servez-la sur un plat long. Placez les haricots verts et les flageolets autour du gigot.

*Il faut compter environ 10 à 15 minutes de cuisson par livre selon la grosseur du gigot. Les restes de mouton sont meilleurs froids, avec des cornichons, mayonnaise ou salade.*

# Leg of Lamb with Flageolets
(6 servings)

INGREDIENTS:
1 small leg of lamb
    (3 to 4 pounds)
4 garlic cloves
2 tablespoons butter
Salt, pepper

GARNISH:
1 can (2¼ pounds) flageolets
4 tablespoons butter
1 can (2¼ pounds) French
    string beans

Preheat the oven to 400°F.

With a pointed knife, cut insets in the lamb leg. Stuff the meat with garlic cloves. Brush the lamb leg with 2 tablespoons of butter. Season with salt and pepper. Place at the center of a large ovenproof dish.

Roast at 400°F for 35 to 40 minutes. Baste 2 to 3 times with water or broth.

15 minutes before removing the meat from the oven, drain the flageolets. Heat them slowly in a saucepan with 2 tablespoons of butter.

Drain the French string beans and rinse under cold tap water. Plunge in boiling water and heat up for 5 to 7 minutes. Drain again and add remaining butter.

Slice the meat and serve in an oval dish surrounded with the flageolets and French string beans.

*You have to count 10 to 15 minutes of roasting per pound, depending on the size of the leg. Lamb leftovers are delicious cold, served with cornichons (pickles), mayonnaise or salad.*

# Hachis parmentier
(4 personnes)

INGRÉDIENTS:
2 à 2½ livres de pommes de terre
1 oignon haché
4½ cuillerées à soupe de beurre
2 livres de viande hachée
1 gousse d'ail hachée
Sel, poivre
2 verres de lait chaud
½ tasse à thé de fromage râpé (Gruyère ou Emmenthal) ou chapelure

Epluchez les pommes de terre. Faites-les bouillir dans de l'eau salée de 25 à 30 minutes.

Faites cuire dans une poêle l'onion avec 1 cuillerée à soupe de beurre très doucement pendant 10 minutes. Mélangez la viande avec l'ail et ajoutez-la dans la poêle. Laissez revenir 3 minutes. Salez, poivrez et mélangez bien. Laissez revenir encore 3 minutes.

Allumez le bas du four à 400°F. Ecrasez les pommes de terre. Incorporez-y, en battant avec une cuiller en bois, d'abord 2 cuillerées à soupe de beurre, puis le lait bouillant, sel et poivre.

Beurrez un plat à gratin. Mettez-y la moitié de la purée de pommes de terre, puis le hachis de viande. Couvrez le tout avec le reste de purée. Parsemez de fromage râpé ou de chapelure et de noisettes de beurre. Faites gratiner en haut du four bien chaud pendant 15 minutes environ.

*Ajoutez 1 cuillerée à café d'eau à l'oignon, il brûlera moins facilement. Le hachis parmentier peut constituer un plat principal à lui tout seul: un potage pour commencer, le hachis parmentier, une salade et un fromage ou un fruit pour finir.*

# Shepherd's Pie
(4 servings)

INGREDIENTS:
2 to 2½ pounds potatoes
1 cup chopped onion
4½ tablespoons butter
2 pounds ground beef
1 clove garlic, minced
Salt, pepper
2 cups hot milk
½ cup grated cheese (Gruyère or Swiss) or bread crumbs

Peel the potatoes. Cook them in salted boiling water for 25 to 30 minutes.

Sauté the chopped onion with 1 tablespoon of the butter for 10 minutes. Combine the meat with minced garlic clove and stir in with the onion. Cook for 3 minutes. Season with salt and pepper and mix well. Cook for 3 more minutes.

Preheat oven to 400°F. Mash potatoes into a purée. While stirring with a wooden spoon, add 2 tablespoons of butter, hot milk, salt and pepper.

Grease a shallow oven dish with the remaining butter. Pour half of the mashed potatoes. Spread the beef mixture over the potatoes and cover with the rest of the potatoes. Sprinkle with grated cheese or bread crumbs and small pieces of butter. Brown in a hot oven for 15 minutes.

*If you add 1 teaspoon of water to the onion, this will prevent burning. This recipe can be an entrée by itself. Start with a soup, then the Shepherd's Pie, a salad and finally cheese or fruit for dessert.*

# Pot-au-feu
(6 à 8 personnes)

INGRÉDIENTS:

10 poireaux
12 carottes
4 navets
4 branches de céléri
1 onion
3 clous de girofle
1 gousse d'ail

1 tasse à thé d'herbes variés
  hachés (thym, persil,
  laurier)
1 cuillerée à soupe de sel
2 livres de plat-de-côtes
1 livre de gîte ou paleron
2 os dont un à moelle

Lavez et épluchez les poireaux, carottes, navets, céleri. Coupez-les en gros morceaux. Mettez-les à bouillir dans une grande marmite avec 5 quarts d'eau. Ajoutez l'os sans moelle, l'oignon piqué de clous de girofle, ail, herbes variées et sel.

Lorsque l'eau bout, plongez-y la viande. Laissez cuire doucement de 2 h 30 à 3 heures. Une heure avant la fin de la cuisson, ajoutez dans la marmite l'os à moelle.

Egouttez la viande, conservez la sauce et servez la viande avec les légumes sur un plat chaud.

Passez le bouillon et servez-le tel quel, avec une biscotte ou une tranche de pain grillé. Le bouillon peut être épaissi avec du tapioca ou du vermicelle (1 cuillerée à soupe par personne) ajouté 5 minutes avant la fin de la cuisson.

Présentez, à part, la viande avec du gros sel, des cornichons et l'os à moelle.

*Pour que le bouillon reste bien clair, il faut veiller à ne jamais couvrir complètement la marmite.*

# Pot-au-Feu
(6 to 8 servings)

INGREDIENTS:

| | |
|---|---|
| 10 leeks | 1 cup chopped mixed herbs |
| 12 carrots | (thyme, parsley, |
| 4 turnips | bay leaf) |
| 4 stalks celery | 1 tablespoon salt |
| 1 onion | 2 pounds chuck beef |
| 3 cloves | 1 pound bottom round of beef |
| 1 clove garlic | 2 bones (one of them a marrow) |

Wash and peel the leeks, carrots, turnips and celery. Cut them in
large pieces. Boil all vegetables in a large pot with 5 quarts of water.
Stir in the bone without marrow, onion pricked with cloves, garlic,
mixed herbs, and salt.

Once the mixture is boiling, add the meat. Simmer for 2½ to 3
hours. One hour before the end of cooking time, add the marrow
bone.

Drain the meat (reserving the sauce) and present it on a hot serving
dish with the vegetables.

Strain the broth through a sieve and serve with biscotti or toasted
bread. The broth can also be thickened with tapioca or vermicelli
(1 tablespoon per person) added 5 minutes before the end of
cooking time.

Serve the meat separately with coarse salt, gherkins and bone
marrow.

*In order to obtain a clear broth, the pot should never be completely
covered.*

# Escalope de veau Lucullus
(4 personnes)

INGRÉDIENTS:
4 escalopes de veau (¼ livre chacune)
Sel, poivre
1 cuillerée à soupe de farine
2 cuillerées à soupe de beurre
4 tranches de bacon
4 tranches de fromage (Gruyère, Emmenthal)

Salez, poivrez et farinez légèrement les escalopes. Faites-les dorer à la poêle dans du beurre sur feu moyen, environ 4 minutes de chaque coté. Sur chaque escalope, déposez une tranche de bacon, puis une tranche de fromage. Couvrez la poêle. Laissez mijoter jusqu'à ce que le fromage soit fondu.

*Vous pouvez gratiner les escalopes sous le grill du four pendant quelques minutes. Accompagnez ce plat de pâtes fraiches.*

# Veal Scallops Lucullus
(4 servings)

INGREDIENTS:
4 French-cut veal cutlets (¼ pound each)
Salt, pepper
1 tablespoon flour
2 tablespoons butter
4 slices bacon
4 slices cheese (Gruyère, Swiss)

Sprinkle cutlets lightly with salt, pepper and flour. Fry them over medium heat in butter, 4 minutes on each side. Over each cutlet, press a slice of bacon and a slice of cheese. Cover the pan and simmer until the cheese has melted.

*You can brown the cutlets under the broiler for a few minutes. Serve with fresh pasta.*

# Ris de veau braisés
(4 personnes)

INGRÉDIENTS:

2 pairs (1¾ livres) de riz de veau

1 carotte

2 onions

4 cuillerées à soupe de beurre

2 cuillerées à soupe de farine

1 cuillerée à café de concentré de tomate

½ tablette de bouillon de viande concentré

Sel, poivre

Trempez les ris de veau dans une casserole d'eau froide pendant 2 heures, en échangeant l'eau à toutes les 30 minutes. Portez lentement à ébullition et laissez frémir 5 minutes. Egouttez et passez les ris sous l'eau froide. Détachez-en les déchets, puis séchez avec un linge. Applatissez les ris de veau en posant dessus un récipient assez lourd pendant environ 1 heure.

Epluchez carotte et oignons, coupez-les en dés. Faites chauffer 1 cuillerée à soupe de beurre dans une cocotte. Mettez-y à dorer carotte et oignons. Saupoudrez d'une cuillerée à soupe de farine, mélangez bien avec une cuiller en bois. Ajoutez 2 tasses à thé d'eau, le concentré de tomate, le bouillon concentré, un peu de sel et poivre. Laissez cuire à très petit feu, sans couvrir, 30 minutes environ.

Salez, poivrez et farinez les ris avec une cuillerée à soupe de farine. Faites-les dorer dans une poêle avec le reste du beurre. Egouttez-les et plongez-les dans le fond de braisage contenu dans la cocotte. Couvrez et laissez mijoter, sur feu doux, de 20 à 25 minutes.

Mettez les ris de veau dans un plat chaud. Versez la sauce dessus à travers une passoire fine.

*Les petit pois sont l'accompagnement traditionnel des ris de veau. Faites-les cuire à part, à l'étouffé.*

# Braised Sweetbreads
(4 servings)

Ingredients:

2 pairs (1¾ pounds) sweetbreads
1 carrot
2 onions
4 tablespoons butter
2 tablespoons flour

1 teaspoon tomato paste
½ broth cube
Salt, pepper

Soak the sweetbreads in cold water for 2 hours, changing water every 30 minutes. Put them in a pan of cold water and slowly bring them to a boil. Simmer 5 minutes. Drain and rinse of under cold water. Remove any dirt. Dry with a clean cloth. Flatten sweetbreads by placing a heavy container on them for 1 hour.

Wash and peel the carrot and onions and cut them in cubes. Heat 1 tablespoon butter in a saucepan and sauté the carrots and onions. Sprinkle with 1 tablespoon flour and stir well with a wooden spoon. Add 2 cups of water, tomato paste, broth cube, salt and pepper. Cook on very low heat, uncovered, for about 30 minutes.

Season sweetbreads with salt and pepper and sprinkle with 1 tablespoon flour. Sauté with remaining butter in a large saucepan. Drain them and add them to the vegetable broth. Cover and simmer, over low heat, for 20 to 25 minutes.

Place the sweetbreads on a preheated serving platter and strain the sauce over them.

*Pea pods are traditionally served with sweetbreads. Braise them on all sides.*

# Steak au poivre
(4 personnes)

INGRÉDIENTS:
2 cuillerées à soupe de poivre en grains
4 filets mignon (⅓ livre chaque)
1½ cuillerées à soupe de beurre
1 cuillerée à soupe d'huile
1 verre à liqueur de cognac
3 cuillerées à soupe de crème fraîche
Sel

Concassez grossièrement le poivre en l'écrasant sur une grande planche à découper.

Déposez les tranches de viande sur les grains de poivre pour que ceux-ci adhèrent à chaque face.

Faites chauffer le beurre et l'huile dans une large poêle. Faites cuire les steaks sur feu vif. Comptez 3 à 4 minutes par côté pour une viande saignante et 1 à 2 minutes de plus pour une viande à point. Tirez du feu et salez lorsque la viande est cuite.

Versez le cognac sur les steaks, faites-le chauffer pendant quelques secondes, et, en l'allumant avec une longue allumette, faites-le flamber.

Sortez les steaks de la poêle et gardez-les au chaud.

Ajoutez la crème fraîche dans la poêle. Salez légèrement et mélangez avec une spatule en bois. Faites bouillir quelques instants. Puis versez la sauce sur la viande. Servez immédiatement.

*Les pommes frites et la salade verte sont l'accompagnement idéal des steaks au poivre.*

# Pepper Steak
(4 servings)

INGREDIENTS:
2 tablespoons peppercorns
4 beef tenderloin steaks (⅓ pound each)
1½ tablespoons butter
1 tablespoon oil
1 liquor glass cognac
3 tablespoons sour cream
Salt

Crush peppercorns on a large cutting board.

Place the steaks on the peppercorns so they stick on both sides.

Heat the butter and oil in a large skillet. Cook the meat on both sides over high heat. Allow 3 to 4 minutes per side for a rare steak and 1 to 2 additional minutes for a medium steak. Once cooked, remove the skillet from heat and salt.

Pour the cognac over the meat and reheat for a few seconds. Light a match and flambé.

Remove the steaks from the skillet and keep them hot.

Add the sour cream to the skillet. Season with salt and stir with a wooden spatula. Bring to boil for a few seconds. Pour the sauce over the meat and serve at once.

*French fries and green salad are ideal side dishes with the Pepper Steak.*

# *Poulet à la moutarde de Fanny*
(4 personnes)

INGRÉDIENTS:
2 livres de poulet
⅔ tasses à thé de moutarde forte
1 bouquet de thym
2 cuillerées à soupe de beurre
2 feuilles de laurier hachées
Sel, poivre

Allumez le four à 350°F.

Coupez le poulet en morceaux et diposez-les dans une plat allant au four. Tartinez chaque morceau avec la moutarde forte. Saupoudrez de thym. Disposez sur le poulet le beurre en morceaux ainsi que les feuilles de laurier. Salez, poivrez.

Mettez le plat à mi-hauteur du four chaud. Laissez cuire 1 heure environ. Au cours de la cuisson, retournez les morceaux de poulet afin qu'ils soient uniformément dorés.

Une fois cuit, retirez le plat du four et servez chaud.

*Vous pouvez servir le poulet à la moutarde avec des pommes de terre au four. 30 minutes avant la fin de la cuisson, disposez autour du poulet quelques petites pommes de terre coupées en deux. Salez, poivrez et saupoudrez de thym.*

# Fanny's Mustard Chicken
(4 servings)

INGREDIENTS:
2 pounds chicken
⅔ cup strong mustard
1 bunch thyme
2 tablespoons butter
2 chopped laurel leaves
Salt, pepper

Preheat oven to 350°F.

Cut the chicken in pieces and place them in an ovenproof dish. Spread mustard over both sides of each chicken piece. Sprinkle with thyme. Add butter, cut in pieces and laurel leaves. Season with salt and pepper.

Cook for 1 hour at 350° at medium heat, frequently turning over the chicken pieces so they get brown on all sides.

Once cooked, place chicken in a serving dish and serve hot.

*You can serve the Mustard Chicken with baked potatoes.*
*30 minutes before the end of cooking, place small halved potatoes around the chicken. Season with salt, pepper and thyme.*

# Lapin aux olives d'Aï
(4 personnes)

INGRÉDIENTS:
2 livres de lapin (dos ou jambes) coupé en morceaux
15 petits oignons (facultatif)
¼ tasse à thé d'olives vertes dénoyautées
4 cuillerées à soupe de beurre
2 échalottes coupées en tranches
2 gousses d'ail écrasées
2 brins de thym
½ feuille de laurier
2 cuillerées à soupe d'eau
Sel, poivre
½ tasse à thé de persil haché

Epluchez les oignons. Rincez les olives.

Faites chauffez le beurre dans une cocotte. Quand il est très chaud, mettez-y les morceaux de lapin et faites dorer les morceaux de tous les côtés. Ajoutez ensuite les onions, échalotes, ail hachés, thym, olives, laurier et l'eau. Salez et poivrez. Couvrez et laissez mijoter sur feu doux 45 minutes ou jusqu'à ce que le poulet soit tendre.

Parsemez de persil haché et servez très chaud.

*Légumes d'accompagnement rapidement préparées: purée de pommes de terre, riz nature, frites ou pâtes.*

# Aï Rabbit with Olives
(4 servings)

INGREDIENTS:
2 pounds rabbit (meaty back or leg portions), cut in pieces
15 small onions (optional)
¼ cup pitted green olives
4 tablespoons butter
2 shallots, sliced
2 cloves garlic, crushed
2 sprigs thyme
½ laurel leaf
2 tablespoons water
Salt, pepper
½ cup chopped parsley

Peel and slice onions. Rinse olives.

Heat the butter in a deep skillet. When very hot, brown the rabbit well on all sides. Add onions, shallots, garlic, thyme, olives, laurel and water. Season with salt and pepper. Cover and cook on low heat for 45 minutes or until tender.

Serve very hot, sprinkled with chopped parsley.

*A quick side dish for this recipe: mashed potatoes, rice, French fries, or pasta.*

# Oeufs — Poissons

## Eggs — Fish

# Loup de mer à la provençale
(4 personnes)

INGRÉDIENTS:

2 livres de loup de mer
(demandez au marchant
de vider et d' écailler
le poisson)
3 cuillerées à soupe de beurre
2 brins de thym
3 tomates
2 oignons
2 échalotes

2 gousses d'ail
1 tasse à thé de champignons
de Paris
1 cuillerée à soupe d'huile d'olive
1 tasse à thé de vin blanc
Sel, poivre
1 cuillerée à soupe de basilic
haché
1 cuillerée à soupe de persil haché
2 brins de fenouil séché

Lavez et laissez égoutter la dorade. Mettez à l'intérieur le beurre et le thym. Allumez le bas du four à 400°F.

Pelez les tomates, les oignons, les échalotes et les gousses d'ail; coupez le tout en quartiers. Otez les pieds sableux des champignons, lavez et émincez-les.

Huilez un plat allant au four avec l'huile d'olive et placez le loup au milieu. Ajoutez les tomates, oignons, échalots, champignons et fenouil séché. Arrosez avec le vin blanc. Salez et poivrez. Placez au four chaud pendant 35 à 40 minutes. Arrosez à plusieurs reprises en cours de cuisson, avec le jus du plat.

Présentez le loup dans le plat de cuisson après l'avoir parsemé du basilic et du persil hachés.

*Vous pouvez ajouter vers la fin de la cuisson quelques olives noires dénoyautées. En accompagnement du loup, vous pouvez servir des pommes de terre cuites à l'eau, puis coupée en rondelles et assaisonées de sel, poivre et huile d'olive.*

# Sea Bass à la Provençale
(4 servings)

INGREDIENTS:

2 pounds sea bass
   (ask the fish dealer to
      gut the fish and
      remove bones and skin)
3 tablespoons butter
2 sprigs thyme
3 tomatoes
2 onions
2 shallots

2 cloves garlic
1 cup mushrooms
1 tablespoon olive oil
1 cup white wine
Salt, pepper
1 tablespoon chopped basil
1 tablespoon chopped parsley
2 sprigs dried fennel root

Wash and drain the fish. Stuff it with the butter and thyme. Preheat oven to 400°F.

Peel and slice tomatoes, onions, shallots and garlic cloves and cut in quarters. Remove the sandy mushrooms stems, wash and slice.

Grease an ovenproof dish with olive oil and place the sea bass in the center. Add the tomatoes, onions, shallots, and mushrooms and fennel root. Sprinkle with white wine. Season with salt and pepper. Roast for 35 to 40 minutes. Baste several times with broth.

Serve the sea bass in the cooking dish. Sprinkle with chopped basil and parsley.

*Pitted black olives can be added to the fish at the end of cooking. You can serve the sea bass with sliced boiled potatoes seasoned with salt, pepper and olive oil.*

# Saumon en papillotes
(4 personnes)

INGRÉDIENTS:
4 darnes de saumon (5 à 6 onces chaque)
1 oignon, pelé et coupé en rondelles
1 citron, coupé en rondelles
4 cuillerées à café d'huile d'olive
4 brins de fenouil bâtard
Sel, poivre

Préchauffez le four à 400°F. Découpez 4 feuilles (12″ × 12″) de papier aluminium. Placez les darnes de saumon au centre de chacune des feuilles d'aluminium.

Disposez sur chaque darne 4 à 5 rondelles d'oignon, une rondelle de citron et un brin de fenouil bâtard. Arrosez d'une cuillerée à café d'huile d'olive. Salez et poivrez.

Fermez hermétiquement les feuilles d'aluminium en laissant un peu d'espace entre le dessus du saumon et l'aluminium.

Déposez le papillotes sur le gril du four durant 15 à 20 minutes selon l'épaisseur du poisson. Disposez les papillotes sur un plat à service.

*Le riz et le pommes de terre cuites à la vapeur sont un accompagnement parfait pour cette recette diététique et savoureuse.*

# Salmon en Papillotes
(4 servings)

INGREDIENTS:
4 slices salmon steak (5 to 6 ounces each)
1 onion, peeled and sliced
1 lemon, sliced
4 teaspoons olive oil
4 sprigs dill
Salt, pepper

Preheat oven to 400°F. Cut 4 sheets (12″ × 12″) of aluminum foil. Place a salmon slice in the center of each foil sheet.

Place on each slice, 4 or 5 onion slices, 1 lemon slice and 1 sprig of dill. Sprinkle with a teaspoon of olive oil. Season with salt and pepper.

Wrap the fish so that it is completely sealed, but leave some space in between the salmon surface and the top of the foil pouch.

Place the papillotes in the oven and cook for 15 to 20 minutes according to the thickness of the slices. Serve the papillotes on a large dish.

*Rice or steamed potatoes are a perfect side dish for this healthy and tasty recipe.*

# Sardines grillées d'Olivier
(4 personnes)

INGRÉDIENTS:
4 sardines fraîches (5 à 6 onces chaque)
1 ou 2 brins de romarin
1 tasse à thé d'huile d'olive
Sel, poivre
1 citron coupé en quartiers

Préchauffez le gril du four. Videz les sardines et coupez-en la tête. Rincez les poissons rapidement, puis essuyez-les avec un linge.

Arrangez les sardines sur la grille du four reposant sur la lèche frite du four. Trempez un brin de romarin dans l'huile d'olive et huilez-en les poissons de chaque côté.

Grillez les sardines de 2 à 4 minutes de chaque côté, selon la grosseur. Retournez à mi-cuisson. Ajoutez encore un peu d'huile, si nécessaire, avec le brin de romarin. Salez et poivrez en sortant du four. Parsemez de quelques brins de romarin.

Servez les sardines grillées chaudes, décorées de quartiers de citrons.

*Les sardines peuvent se faire griller au barbecue, mais faites attention! L'odeur dégagée peut être très forte. Alevins ou pilchards ont un goût proche de celui de la sardine. Servez les sardines avec du pain grillé et du beurre frais, à part.*

# Oliver's Grilled Sardines
(4 servings)

INGREDIENTS:
4 fresh sardines (5 to 6 ounces each)
1 or 2 rosemary sprigs
1 cup olive oil
Salt, pepper
1 lemon, quartered

Preheat the oven broiler. Gut the sardines and remove the heads. Rinse them rapidly and dry them with a cloth.

Arrange the sardines on a rack in a broiler pan. Soak a rosemary sprig in the olive oil and grease the sardines with the oil on each side.

Broil the sardines 2 to 4 minutes on each side, according to size. Turn them once half way through cooking. Add more oil, if necessary, using the rosemary sprig. Once cooked, season with salt, pepper, and sprinkle with rosemary.

Serve the sardines hot, garnished with lemon quarters.

*You can also grill the sardines on the barbecue. Beware! The smell can be very strong. Alewives or western pilchards have the closest taste to sardines. Serve the sardines with toasted bread and fresh butter on the side.*

# Sole meunière
(4 personnes)

INGRÉDIENTS:
2 grandes soles (demandez au marchant de poisson
       de nettoyer le poisson et d'enlever les os)
3 à 4 cuillerées à soupe de farine
1 bâton de beurre
Jus d'un citron
Sel, poivre
2 cuillerées à soupe d'huile
1 à 2 cuillerées à soupe de persil haché

Lavez bien les poissons, enlevez la peau si nécessaire et épongez-les avec du papier absorbant. Versez la farine sur une grande assiette plate. Déposez-y les soles et farinez-les soigneusement des deux cotés.

Dans une grande poêle, faites chauffer la moitié du beurre avec une 1 cuillerée à soupe d'huile et déposez-y une première sole. Laissez-la dorer pendant 4 à 5 minute de chaque côté, selon l'épaisseur. Puis dorez la seconde sole, etc.

Arrosez les soles avec le jus de citron. Salez, poivrez. Parsemez-les de persil haché. Servez immédiatement.

*Vous pouvez mettre la farine dans un sac en plastique. Mettez la sole dedans et secouez. Le poisson sera fariné sans excès.*

# Sole Meunière
(4 servings)

INGREDIENTS:
2 large soles (ask the fish dealer to gut and
     debone the fish)
3 to 4 tablespoons flour
1 stick butter
Juice of 1 lemon
Salt, pepper
2 tablespoons oil
1 to 2 tablespoons chopped parsley

Wash the fish thoroughly, remove skin if necessary, and dry with
paper towels. Pour the flour on a large flat plate and coat the sole
carefully on both sides.

Heat half the butter and 1 tablespoon oil in a large skillet and sauté
the first sole 4 to 5 minutes on each side, according to thickness.
Then fry the second sole, etc.

Season with lemon juice, salt and pepper. Sprinkle with chopped
parsley. Serve immediately.

*You can put the flour in a clean plastic bag, add the soles and shake. This
method enables the fish to be coated in flour without excess.*

# Moules marinière
(4 personnes)

INGRÉDIENTS:
4 quarts de moules
2 cuillerées à soupe de beurre
2 échalotes hachées
1 tasse à thé de vin blanc sec
1 cuillerée à café de farine
Sel, poivre
2 cuillerées à soupe de persil haché

Grattez bien et lavez les moules sous l'eau courante. Mettez-les dans une cocotte avec ½ cuillerée à soupe de beurre, échalotes, vin blanc. Chauffez-les dans une casserole couverte, sur feu vif, pendant quelques minutes, jusqu'à ce que les moules soient ouvertes. Mélangez 2 ou 3 fois pendant la cuisson.

Dès qu'elles sont ouvertes, retirez les moules de la cocotte. Déposez-les dans un plat creux et gardez-les au chaud. Passez le jus de cuisson des moules à travers une passoire fine et rechauffez-le lentement. A côté, mélangez avec une fourchette une cuillerée à café de farine avec le reste du beurre. Incorporez le tout au jus de cuisson des moules sur le feu. Laissez bouillir pendant quelques secondes. Salez et poivrez. Versez sur les moules. Saupoudrez de persil haché et servez.

*Pour tenir les moules au chaud, le mieux est de les poser sur un récipient d'eau bouillante. Couvrez les moules d'un couvercle.*

# Mussels Marinière
(4 servings)

INGREDIENTS:
3 quarts mussels
2 tablespoons butter
2 shallots, chopped
1 cup dry white wine
1 teaspoon flour
Salt, pepper
2 tablespoons chopped parsley

Thoroughly scrape and wash the mussels under running water. Put them in a pot with ½ tablespoon butter, shallots and white wine. Heat covered on high heat for a few minutes, until the mussels open. Stir 2 or 3 times while cooking.

Once open, remove the mussels from the pot and keep them warm on a shallow platter. Strain the mussel broth through a fine sieve then slowly reheat. On the side, stir with fork a teaspoon of flour with remaining butter. Add the mix to the mussel broth. Bring to a boil for a few seconds. Season with salt and pepper. Pour the sauce over the mussels, sprinkle with parsley and serve.

*The best way to keep the mussels warm is to reheat them in a double boiler and cover them with a lid.*

# Légumes

## Vegetables

# Gratin de courgettes
(4 personnes)

INGRÉDIENTS:
8 tasses à thé de courgettes, coupé en rondelles
2 gousses d'ail écrasées
1 bouquet de basilic
8 onces de fromage de chèvre frais
4 oeufs battus
2 tasses à thé de crème fraîche
Sel, poivre

Essuyez soigneusement les rondelles de courgettes. Faites-les cuire
à la vapeur jusqu'elles soient tendres. Laissez-les reposer dans une
passoire afin qu'elles rendent leur eau.

Mélangez l'ail avec les feuilles de basilic, le sel et le poivre. Mettez
les courgettes dans un plat à gratin. Parsemez de fromage de chèvre
émietté.

Dans un grand bol, combinez les oeufs battus avec crème fraîche,
et le mélange d'ail et de feuilles de basilic. Versez le tout sur les
courgettes. Enfournez le plat au four chaud à 350°F pendant 15 minutes, puis à 300°F pendant 30 minutes. Lorsque le gratin est bien
doré, sortez-le du four.

*Ce plat est aussi bon chaud que froid. Il accompagne bien toutes les
viandes rôties ou peut se manger en plat principal servi avec une salade.*

# Zucchini Gratin
(4 servings)

INGREDIENTS:
8 cups sliced zucchini
2 cloves garlic, crushed
1 bunch basil leaves
8 ounces fresh goat cheese
4 eggs, beaten
2 cups sour cream
Salt, pepper

Thoroughly wipe the zucchini slices. Steam them until tender.
Drain in a colander.

Mix garlic with basil leaves, salt and pepper. Place zucchini slices in
a shallow ovenproof dish. Sprinkle with goat cheese.

In a large bowl combine beaten eggs and sour cream with garlic and
basil mix. Pour the mix over zucchini. Cook in oven at 350°F for 15
minutes, then reduce to 300°F for 30 minutes. When the gratin is
brown on top, remove from the oven.

*This dish can be served hot or cold. It is a delicious side dish for any
roasted meat or can be served as an entrée with a salad.*

# Gâteau de chou-fleur
(4 personnes)

INGRÉDIENTS:
1 chou-fleur entier
½ cuillerées à soupe de beurre
4 onces de fromage râpé
    (Gruyère ou Emmenthal)
3 oeufs divisés
Sel

SAUCE BÉCHAMEL:
4 cuillerées à soupe de beurre
⅓ tasse à thé de farine
2 tasses à thé de lait froid
Sel, poivre

Faites bouillir de l'eau salée dans une grande casserole. Divisez le chou-fleur en petits bouquets. Lavez-les. Plongez-les dans l'eau en ébullition. Laissez cuire 15 minutes.

*Pour préparer la sauce Béchamel:* Faites fondre, sur feu doux, 3 cuillerées à soupe de beurre. Ajoutez-y la farine. Délayez sur le feu pendant quelques secondes jusqu'à ce que le mélange soit mousseux. Ajoutez-y d'un seul coup le lait froid. Salez et poivrez. Mélangez jusqu'à épaississement. Laissez cuire à feu extrêmement doux une dizaine de minutes.

Allumez le bas du four à 350°F. Battez les blancs d'oeufs en neige très ferme. Battez les jaunes dans un autre bol.

Egouttez le chou-fleur. Passez-le au moulin à légumes. Incorporez-y la Béchamel, le fromage râpé, les 3 jaunes d'oeufs et, en tout dernier lieu, les blancs battus en neige.

Beurrez un moule à soufflé. Versez-y la préparation. Faites cuire à 350°F pendant 40 minutes. Servez le gateau de chou-fleur dans le plat de cuisson au sortir du four.

*Râpez la valeur de 2 pincées de muscade au-dessus de votre casserole de Béchamel. Cela lui donnera un goût très fin.*

# Cauliflower Cake
(4 servings)

INGREDIENTS:
1 whole cauliflower
½ tablespoon butter
4 ounces grated cheese
(Gruyère or Swiss)
3 eggs, divided
Salt

BÉCHAMEL SAUCE:
4 tablespoons butter
⅓ cup flour
2 cups cold milk
Salt, pepper

In a large pot, bring salted water to a boil. Cut the cauliflower into small florets. Rinse them. Cook in boiling water for 15 minutes.

*To prepare the Béchamel sauce:* melt 3 tablespoons of the butter on low heat. Stir in the flour until the mix becomes foamy. Pour in the cold milk at once. Add salt and pepper. Stir until the sauce becomes thick. Cook, on very low heat for 10 minutes.

Preheat the oven to 350°F. Beat the egg whites stiffly. Beat the egg yolks in a separate bowl.

Drain the cauliflower. Mash it into a purée. Fold in the Béchamel sauce, grated cheese, 3 egg yolks and finally the beaten egg whites.

Grease a soufflé dish with the remaining butter. Pour in the mixture. Bake at 350°F for 40 minutes. Serve the cake in the soufflé dish at once.

*Grate the equivalent of 2 pinches of nutmeg, into the Béchamel sauce. It will add a very fine taste.*

# *Aubergines et tomates au four*
## (4 personnes)

INGRÉDIENTS:
4 aubergines de taille moyenne (environ 1 livre)
½ tasse à thé d'huile
Sel, poivre
4 tomates (environ ¾ livre), coupées en deux
2 gousses d'ail hachées
2 cuillerées à soupe de persil haché
4 once de fromage râpé (Gruyère ou Emmenthal)
1 cuillerée à soupe de chapelure

Lavez et essuyez les aubergines. Coupez-les en deux dans le sens de la longueur. Saupoudrez-les de sel. Laissez dégorger 30 minutes. Sechez-les avec un linge.

Faites chauffer l'huile dans une grande poêle. Faites frire les aubergines 5 minutes de chaque côté. Egouttez-les. Déposez-les dans un plat à feu. Salez, poivrez.

Dans la même poêle, et sur feu moyen, faites revenir les tomates coupées en deux, 2 minutes sur la face coupée, puis 2 minutes sur l'autre.

Allumez le bas du four à 350°F. Placez les tomates sur les aubergines. Parsemez d'ail et de persil hachés, de fromage râpé et de chapelure. Faites cuire de 15 à 20 minutes 350°F.

*Un bon plat d'été ou de vacances. Et si vous intercalez des tranches de jambon blanc entre les aubergines et les tomates, vous obtiendrez un plat principal.*

# Baked Eggplant with Tomatoes
(4 servings)

Ingredients:
4 medium eggplants (about 1 pound)
½ cup oil
Salt, pepper
4 tomatoes (about ¾ pound), cut in half
2 cloves garlic, minced
2 tablespoons chopped parsley
4 ounces grated cheese (Gruyère or Swiss)
1 tablespoon bread crumbs

Wash and dry the eggplants. Cut them in half lengthwise. Salt each half of eggplant to release water for 30 minutes. Dry with a clean cloth.

Heat the oil in a large skillet. Fry the eggplants for 5 minutes on each side. Drain and place in a baking dish. Season with salt and pepper.

In the same skillet, cook the tomatoes halves for 2 minutes on each side at medium heat.

Preheat the oven to 350°F. Place the tomatoes on each half eggplant. Sprinkle with minced garlic, chopped parsley, grated cheese and bread crumbs. Bake in the oven for 15 to 20 minutes at 350°F.

*This is a great summer or vacation dish. If you add slices of ham in between the tomatoes and eggplant, it becomes an entrée.*

# Gratin dauphinois
(4 personnes)

INGRÉDIENTS:
2 livres de pommes de terre
1 gousse d'ail, écrasée
2 cuillerées à soupe de beurre
⅔ tasse à thé de fromage râpé (Gruyère ou Emmenthal)
3 tasses à thé de lait bouillant
1 oeuf
Sel, poivre

Allumez le bas du four à 350°F.

Epluchez les pommes de terre. Coupez-les en rondelles fines.

Frottez un grand plat à gratin avec la gousse d'ail écrasée.
Enduisez-le avec 1 cuillerée à soupe de beurre. Etalez-y les
pommes de terre et la moitié du fromage râpé.

Versez 2½ tasses à thé du lait bouillant sur les pommes de terre.
Faites cuire à 350°F pendant 50 minutes environ. Mélangez 2 ou
3 fois avec deux fourchettes. Les pommes de terre cuiront plus
régulièrement.

Dix minutes avant la fin de la cuisson du gratin, battez l'oeuf entier
avec sel, poivre et le reste du lait. Versez sur les pommes de terre.
Parsemez avec le reste du fromage râpé et des noisettes de beurre.
Remettez au four moyen pour quelques minutes, le temps que la
sauce épaississe. Servez chaud.

*Ce plat traditionnel accompagne très bien les viandes blanches.*

# Gratin Dauphinois
(4 servings)

INGREDIENTS:
2 pounds potatoes
1 clove garlic, crushed
2 tablespoons butter
⅔ cup grated cheese (Gruyère or Swiss)
3 cups boiling milk
1 egg
Salt, pepper

Preheat the oven to 350°F.

Peel the potatoes and slice quite thin.

Rub a large shallow earthenware dish with the crushed garlic clove and spread in 1 tablespoon of the butter. Layer in the potato slices with half of grated cheese.

Pour 2½ cups of boiling milk on potatoes. Bake at 350°F for about 50 minutes. During cooking time, stir 2 to 3 times with two forks. This will allow potatoes to cook evenly.

Ten minutes before the end of cooking time, beat the egg with salt, pepper and remaining milk. Pour onto the potatoes. Sprinkle with remaining grated cheese and dots of butter. Cook in oven for a few more minutes, until the sauce becomes thicker. Serve hot.

*This traditional recipe is a great side dish for any white meat.*

# *Ratatouille*
(4 personnes)

INGRÉDIENTS:
1 livre d'aubergines
1 livre de courgettes
1½ livre de tomates
6 cuillerées à soupe d'huile d'olive
1 livre de poivrons jaunes coupés en quartiers
1 livre de poivrons rouges coupés en quartiers
1 gros oignon pelé et haché
3 gousses d'ail écrasées
2 cuillerées à soupe de persil haché
1 cuillerée à soupe de thym haché
Sel, poivre
2 cuillerées à soupe de basilic haché

Lavez et coupez en rondelles, sans les peler, aubergines, courgettes et tomates. Salez les aubergines et laissez-les dégorger 30 minutes. Puis rincez et séchez-les.

Faites chauffez 2 cuillerées à soupe d'huile d'olive dans une grande poêle. Faites frire les aubergines, jusqu'à ce qu'elles soient tendres. Une fois cuites, ôtez-les et mettez-les de côté. Recommencez la même opération avec les courgettes puis les poivrons.

Faites chauffer 1 cuillerée à soupe d'huile dans une sauteuse. Dorez l'oignon pendant 5 minutes. Ajoutez les tomates, l'ail haché, persil et thym. Quand les tomates sont justes cuites, ajoutez tous les légumes. Salez, poivrez. Laissez mijoter 5 minutes, ajoutez le basilic. Otez du feu et servez.

*Ce plat diététique accompagne très bien les viandes rouges. Il peut être servi froid, comme salade pour un déjeuner d'été.*

# Ratatouille
(4 servings)

INGREDIENTS:
1 pound eggplant
1 pound zucchini
1½ pound tomatoes
6 tablespoons olive oil
1 pound yellow peppers, quartered
1 pound red peppers, quartered
1 large onion, peeled and minced
3 cloves garlic, crushed
2 tablespoons chopped parsley
1 tablespoon chopped thyme
Salt, pepper
2 tablespoons chopped basil

Wash and finely slice the eggplant, zucchini,and tomatoes, but do not peel them. Salt eggplant slices to release water for 30 minutes. Rinse and dry.

Heat 2 tablespoons of the olive oil in a large skillet. Fry eggplant until tender. Once cooked, remove from heat and put aside. Fry zucchini, then yellow and red peppers in the same way.

Heat 1 tablespoon of olive oil in a large saucepan. Brown minced onion for 5 minutes. Add tomatoes, garlic, parsley and thyme. When the tomatoes are cooked, add the eggplant, zucchini, yellow and red peppers. Season with salt and pepper. Cook for 5 minutes and add the basil. Remove from heat and serve.

*This healthy recipe is a great side dish with all red meats. It can also be served cold, as a salad for a summer lunch.*

# *Petits pois de Tatie Mimi*
(4 personnes)

INGRÉDIENTS:
1 boîte de conserve (36 onces) de petit pois
2 cuillerées à soupe de beurre
1 cuillerée à soupe de sucre
Sel, poivre
2 cuillerées à soupe de persil

Lavez et égouttez les petits pois. Dans une casserole, faite fondre le beurre à feu très doux. Ajoutez-y les petits pois et le sucre. Faites doucement chauffer pendant 5 minutes. Salez, poivrez et parsemez de persil haché.

*Ce plat très facile à réaliser accompagne toutes les viandes. Réalisé avec des petits pois frais ou surgelés, cette recette est encore meilleure. Les petits pois frais doivent être écossés.*

# Auntie Mimi's Green Peas
(4 servings)

INGREDIENTS:
1 can (36 ounces) sweet small green peas
2 tablespoons butter
1 tablespoon sugar
Salt, pepper
2 tablespoons chopped parsley

Wash and drain the green peas. Melt butter on very low heat in a saucepan. Stir in the green peas with the sugar. Slowly heat for 5 minutes. Season with salt and pepper. Sprinkle with chopped parsley.

*This side dish is very easy to cook and happens to be delicious with all kinds of meat. Cooked with fresh or frozen green peas, this recipe is even tastier. The fresh green peas must be shelled before cooking.*

# Desserts

## Desserts

# Clafouti de Bernadette
(4 personnes)

INGRÉDIENTS
2 tasses à thé de cerises fraîches
½ tasse à thé de farine
½ tasse à thé de sucre
1 pincée de sel
3 oeufs battus
2 tasses à thé de lait froid
½ cuillerée à soupe de beurre

Lavez et équeutez les cerises. Egouttez-les bien. Coupez-les en deux et ôtez les noyaux.

Dans un grand bol, mélangez farine, sucre, sel. Incorporez-y, peu à peu, les oeufs et le lait froid.

Beurrez un plat à gratin. Mettez-y les cerises. Versez la pâte dessus. Faites cuire à 300°F pendant 45 minutes environ. Servez ce plat froid ou tiède, après l'avoir saupoudré de sucre en poudre.

*Suivant la saison, vous pouvez remplacer les cerises par des prunes, mirabelles ou pommes. Si vous voulez gagner du temps, vous pouvez utiliser les cerises entières.*

# Bernadette's Clafouti
(4 servings)

INGREDIENTS:
2 cups fresh cherries
½ cup flour
½ cup sugar
1 pinch of salt
3 eggs, beaten
2 cups cold milk
½ tablespoon butter

Wash the cherries and remove their stems. Drain well. Cut them in halves and remove pits.

Combine in a large bowl the flour, sugar and salt. Add, little by little, eggs, cold milk, and butter.

Butter a deep pie dish. Sprinkle cherries and pour in the mixture. Bake at 300°F for approximately 45 minutes. Sprinkle with sugar. Serve warm or cold.

*According to season, you can substitute cherries with plums, mirabelle plums or apples. If you are in a hurry, you can use unpitted cherries.*

# *Beignets aux pommes*
(4 personnes)

PÂTE À BEIGNETS:
1¼ tasse à thé de farine
1 oeuf
1 cuillerée à soupe d'huile
¼ cuillerée à café de sel
¾ tasse à thé de bière
2 blancs d'oeuf

INGRÉDIENTS:
1 livre de pommes
1 tasse à thé d'huile
⅓ tasse à thé de sucre

Préparez la pâte à beignets quelques heures à l'avance. Mettez dans un grand bol la farine, l'oeuf entier, l'huile et le sel. Mélangez bien avec une cuiller en bois. Ajoutez-y la bière peu à peu pour obtenir une pâte très épaisse. Couvrez et laissez reposer 1 heure. Battez les blancs d'oeufs en neige très ferme. Incorporez-les délicatement à la pâte avant de l'utiliser.

Epluchez les pommes, ôtez-en le coeur et coupez-les en fines rondelles. Plongez-les dans la pâte à beignets pour les enrober complètement, puis dans la friture chaude. N'en faites cuire que quelques-unes à la fois. Lorsque les beignets sont soufflés et bien dorés, égouttez-les soigneusement sur du papier absorbant. Saupoudrez-les de sucre et servez-les très chauds.

*Vous pouvez remplacer la bière par du lait ou de l'eau. Un petit verre de rhum ajouté à la pâte lui donne un goût délicieux. Poires, abricots et bananes peuvent aussi se préparer de la même façon.*

# Apple Fritters
(4 servings)

BATTER FOR FRITTERS:
1¼ cups flour
1 egg
1 tablespoon oil
¼ teaspoon salt
¾ cup beer
2 egg whites

INGREDIENTS:
1 pound apples
1 cup oil
⅓ cup sugar

Make the batter several hours in advance. Combine in a large bowl, the flour, whole egg, oil and salt. Stir well with a wooden spoon. Add beer in dribble until the batter becomes very thick. Cover and let rest for 1 hour. Beat egg whites stiffly and fold in the batter.

Peel and core the apples. Cut them across in thin slices. Dip them in batter and fry in oil. Fry only a few fritters at a time. Once puffed up and golden brown, drain them on paper towels. Sprinkle with sugar and serve very hot.

*The beer can be substituted by the same amount of milk or water. A small glass of rum added to the batter gives a delicious taste. Pears, apricots and bananas can also be prepared in the same way.*

# Crêpes Suzettes
(20 crêpes)

INGRÉDIENTS:

2 tasse à thé de farine
½ cuillerée à café de sel
3 oeufs
2 tasses à thé de lait

½ pomme de terre
¼ tasse à thé d'huile
¼ tasse à thé de sucre en poudre

Préparez la pâte à beignets quelques heures à l'avance. Dans un grand bol, mettez la farine et le sel. Creusez un petit trou au centre et cassez-y les oeufs. Battez bien le tout avec une cuiller en bois. Incorporez-y, peu à peu, le lait froid sans cesser de battre jusqu'à ce que vous obteniez une pâte lisse. Si la pâte devient grumeleuse, passez-la à travers une passoire.

Faites chauffer la poêle sur feu vif. Graissez la poêle en frottant la face coupé de la pomme de terre imbibée d'huile. Versez environ ⅓ tasse à thé de pâte à crêpe sur la poêle. Faites tout de suite voyager la pâte sur le fond de la poêle pour qu'elle s'étale en couche très fine. Faites cuire pendant 1 minute. Retournez-la avec une grande spatule et laissez cuire encore une minute de l'autre côté jusqu'à ce qu'elle se décolle facilement.

Huilez la poêle à l'aide de la pomme de terre entre chaque crêpe. Aussitôt cuites, saupoudrez les crêpes de sucre en poudre. Pliez-les en quatre ou roulez-les. Servez-les chaudes.

Vous pouvez ajouter un filet de citron sur la crêpe, cela donnera un goût raffiné à cette recette traditionelle. Selon la garniture, les crêpes peuvent aussi être servies comme hors d'oeuvre, plat principal ou accompagnement.

# Crêpes Suzettes
(makes 20 crepes)

INGREDIENTS:

2 cups flour
½ teaspoon salt
3 eggs
2 cups milk

½ potato
¼ cup oil
¼ cup confectioners' sugar

Make the batter several hours in advance. Combine in a large bowl the flour and salt. Fashion a small well in the center and put the eggs into it. Beat very hard with a wooden spoon and add the milk very gradually, beating constantly, until you get a smooth batter. If the batter does lump, strain it through a sieve.

Preheat a skillet on high heat. Grease it using the cut face of potato soaked in oil. Pour approximately ⅓ cup batter onto the hot skillet. Immediately tilt the skillet in a circular motion so that the batter covers the bottom in a very thin layer. Cook for 1 minute. Turn it with a wide spatula, and cook 1 minute on the other side till the crêpe can be removed easily.

Continue to grease the skillet with the half potato between each crêpe. As soon as they are cooked, sprinkle the crêpes with sugar. Fold them in quarters or roll them. Serve hot.

*You can squeeze some lime juice on the crêpes, it will give a refined touch to this traditional recipe. Depending on the kind of filling you choose, the crêpes can also be served as an appetizer, entrée or side dish.*

# Tarte au citron
(4 personnes)

INGRÉDIENTS:
Pâte brisée (voir recette Quiche lorraine, p. 6)
4 cuillerées à soupe de beurre
1 oeuf
1 pincée de sel
½ tasse à thé de sucre
Jus et zeste de 2 citrons

Beurrez un moule à tarte avec 1 cuillerée à soupe de beurre. Etalez la pâte et garnissez-la dans le moule à tarte. Piquez-en le fond. Allumez le bas du four à 350°F.

Dans une terrine, malaxez bien l'oeuf entier, sel et sucre. Ajoutez-y le zeste et jus de citron et 3 cuillerées de beurre ramolli. Etalez cette crème sur la pâte à tarte. Faites cuire à 350°F de 25 à 30 minutes.

*Par zeste de citron on entend seulement la fine pellicule extérieure brillante et colorée. Vous pouvez utiliser une pâte à tarte congelée.*

# Lemon Pie
(4 servings)

Ingredients:
Short pastry (see Quiche Lorraine recipe, p. 7)
4 tablespoons butter
1 egg
1 pinch of salt
½ cup sugar
Juice and zest of 2 lemons

Grease a tart pan with 1 tablespoon butter and line with the pastry. Prick the bottom of the crust. Preheat the oven to 350°F.

In a large bowl, combine egg, salt and sugar. Stir well. Add lemon zest, lemon juice and 3 tablespoons of the melted butter. Pour this cream into the crust. Bake at 350°F for 25 to 30 minutes.

*Lemon zest only refers to the thin colored and shiny outer layer of the lemon. Instead of making your own crust, you can use a ready-made frozen crust.*

# Gâteau au chocolat de Babeth
(6 personnes)

INGRÉDIENTS:
1 tasse thé de beurre fondu
1 tasse à thé de sucre
3 oeufs divisés
6 cuillerées à soupe de farine
1 cuillerée à thé de sel de Vichy
1 tasse à thé de chocolat noir à cuisiner
2 cuillerées à soupe d'eau

Allumez le bas du four à 350°F.

Beurrez un moule à gâteau. Dans un bol mélangez énergiquement le beurre fondu et le sucre, jusqu'à ce que le mélange devienne blanc. Ajoutez-y un par un les jaunes d'oeuf, la farine et le sel de Vichy sans cesser de mélanger. La pâte doit être épaisse et élastique.

Faites fondre le chocolat en morceaux dans une petite casserole. Ajoutez-y 2 cuillerées à soupe d'eau et mélangez jusqu'à obtenir un mélange crémeux. Ajoutez le chocolat fondu à la pâte.

Battez les oeufs en neige ferme et incorporez-les délicatement à la pâte. Versez le mélange dans le moule beurré et enfournez pendant 30 minutes.

*Laisser refroidir le gateau au chocolat avant de le démouler. Pour les grandes occasions, on peut préparer un nappage fait de chocolat fondu et décorer avec des smarties.*

# Babeth's Chocolate Cake
(6 servings)

INGREDIENTS:
1 cup melted butter
1 cup sugar
3 eggs, divided
6 tablespoons flour
1 teaspoon baking soda
1 cup bittersweet chocolate
2 tablespoons water

Preheat the oven to 350°F.

Grease a cake pan. Combine in a large bowl the melted butter and sugar. Stir until the mix becomes white. While stirring, add egg yolks one by one, flour and baking soda. The mixture should be thick and elastic.

Break down the chocolate and melt it in a small saucepan with 2 tablespoons of water. Stir well until it becomes creamy and add to the batter.

Beat egg whites stiffly and fold into the batter. Pour into the greased cake pan and bake for 30 minutes.

*Allow cake to cool before removing from cake pan. For special occasions, you can prepare an icing with melted chocolate and decorate with colorful sprinkles.*

# Crème brûlée
(4 personnes)

INGRÉDIENTS:
1 tasse à thé de lait
1 sachet (16 onces) de sucre vanillé
¼ tasse a thé de farine
3 cuillerées à soupe de sucre
4 jaunes d'oeufs
1 cuillerée à soupe d'eau de fleur d'oranger
4 cuillerées à soupe de cassonade

Faites chauffer le lait avec le sucre vanillé, jusqu'au premier bouillon. Mélangez la farine et le sucre dans un grand bol.

Battez légèrement les jaunes d'oeufs et ajoutez-les au mélange de la terrine. Mélangez jusqu'à obtenir une pâte épaisse, lisse, presque blanche.

Versez le lait chaud sur la pâte sans cesser de mélanger. Ajoutez l'eau de fleur d'oranger.

Versez la crème obtenue dans une casserole et faites chauffer à feu doux. Porter à ébullition en remuant doucement.

Après 2 ou 3 bouillons, versez la crème dans plusieurs petits ramequins. Saupoudrez le dessus de la crème refroidie avec de la cassonade.

*Faites chauffer le gril du four jusqu'à ce qu'il soit rouge. Déposez les ramequins sous le gril. Dès que le dessus se transforme en caramel, sortez les ramequins du four.*

# Crème Brûlée
(4 servings)

INGREDIENTS:
1 cup milk
1 pouch (16 ounces) vanilla flavored sugar
¼ cup flour
3 tablespoons sugar
4 egg yolks
1 tablespoon orange-flower water
4 tablespoons brown sugar

Bring the milk to a first boil with the vanilla flavored sugar. In a large bowl, combine flour and sugar.

Slightly beat egg yolks and add them to the flour and sugar mix. Stir until obtaining a thick, smooth and almost white cream.

Pour hot milk over the batter while stirring. Add the orange-flower water.

Heat the cream slowly in a saucepan then bring to a boil while stirring.

After 2 or 3 boilings, pour the cream in small ramekins. Allow to cool and sprinkle the top with brown sugar.

*Preheat the oven broiler until it turns red. Place the ramekins under the grill. As soon as the top turns into a golden brown caramel, remove the ramekins from the oven.*

# Gâteau au yaourt
(6 personnes)

INGRÉDIENTS:
½ tasse à thé de yaourt nature
1 tasse à the de sucre
2¼ tasses à thé de farine
¼ tasse à thé d'huile
1 pincée de sel
2 oeufs
2 cuillerées à soupe de rhum
1 cuillerée à soupe de sel de Vichy

Préchauffez le four à 350°F.

Versez le yaourt dans un grand bol. Ajoutez le sucre, la farine tamisée, l'huile et une pincée de sel. Mélangez avec une cuiller en bois.

Ajoutez les oeufs entiers, le rhum et le sel de Vichy. Mélangez. La pâte obtenue doit être homogène et sans grumeaux.

Beurrez un moule à gâteau rond. Versez-y la pâte, enfournez à four chaud et laissez cuire 50 minutes à 1 heure.

Démoulez le gateau dès la sortie du four. Servez froid.

*Ce gateau est très simple à réaliser et s'accomode très bien avec de la compote ou du coulis de fruit.*

# Yogurt Cake
(6 servings)

INGREDIENTS:
½ cup plain yogurt
1 cup sugar
2¼ cups flour
¼ cup oil
pinch of salt
2 eggs
2 tablespoons rum
1 tablespoon baking soda

Preheat the oven to 350°F.

Pour the yogurt in a large bowl. Add sugar, sieved flour, oil and salt. Stir well with a wooden spoon.

Add eggs, rum and baking soda. Stir well until the batter becomes smooth and free of lumps.

Butter a rounded cake pan. Pour the batter into the cake pan and bake for 50 minutes to 1 hour.

Remove the cake from the oven pan. Serve cold.

*This cake is very easy to bake and is usually served with compote or fruit sauce.*

# Mousse au chocolat
(4 personnes)

INGRÉDIENTS:
2 tasses à café de chocolat noir à cuisiner
½ tasse à thé d'eau
1 bâton (8 cuillerées à soupe) de beurre, coupé en morceaux
5 oeufs séparés
1 blanc d'oeuf
1 pincée de sel

Faites fondre le chocolat en morceaux avec ½ tasse d'eau, sur feu très doux, jusqu'à ce que le mélange soit crémeux. Retirez la casserole du feu et incorporez le beurre morceau par morceau.

Ajoutez les 5 jaunes d'oeuf l'un après l'autre sans cesser de remuer.

Dans une terrine battez en neige très ferme les 6 blanc d'oeufs. Versez le blancs d'oeuf sur le chocolat fondu et mélangez délicatement.

Couvrez la terrine et placez la mousse au réfrigirateur pendant au moins 2 heures.

*Vous pouvez servir la mousse dans des ramequins individuels.*

# Chocolate Mousse
(4 servings)

INGREDIENTS:
2 cups bittersweet chocolate
½ cup water
1 stick (8 tablespoons) butter, cut into pieces
5 eggs, divided
1 egg white
pinch of salt

Melt chocolate, on very low heat, in a saucepan with ½ cup of water. Stir until obtaining a creamy texture. Remove the saucepan from heat and add butter piece by piece.

Add 5 egg yolks one by one and melted chocolate. Stir well.

In a large bowl beat the 6 egg whites stiffly and fold into chocolate mix. Stir gently.

Cover the bowl and place the mousse in the refrigerator for up to 2 hours.

*You can also serve the chocolate mousse in individual ramekins.*

# *Tarte Tatin*
## (4 personnes)

INGRÉDIENTS:
Pâte brisée (voir recette Quiche lorraine p. 6)
1 tasse à thé de cassonade
½ bâton (4 cuillerées à soupe) de beurre, coupé en petits morceaux
½ cuillerée à thé de concentré de vanille
½ tasse à thé d'eau froide
3 livres de pommes acidulées

Préchauffez le four à 350°F.

Préparez la pâte brisée en avance.

Beurrez largement un moule à tarte, puis répartissez le sucre dessus en une couche régulière. Déposez les morceaux de beurre sur le sucre. Ajoutez le concentré de vanille. Aspergez avec un peu d'eau froide.

Pelez les pommes, enlevez le coeur et les pépins et coupez-les en deux. Dans le moule, placez les demi-pommes serrées les unes contre les autres. Posez le moule sur le feu moyen, afin de caraméliser le sucre. Laissez bouillonner pendant 20 minutes environ. Dès que les pommes sont dorées, enlevez le moule du feu.

Etalez la pâte sur une large feuille d'aluminium farinée. Formez un cercle un peu plus grand que le moule.

Déposez la feuille d'aluminium sur les pommes. Enlevez l'aluminium et rentrez bien le bord de la pâte contre le bord intérieur du moule. Faites cuire à four chaud pendant 25 minutes.

Sortez le moule du four. Posez dessus un plat de service retourné. Saisissez le tout et retournez l'ensemble d'un seul coup. Servez chaud.

# *Tatin Pie*
(4 servings)

INGREDIENTS:
Short crust pastry (see Quiche Lorraine recipe, p. 7)
1 cup brown sugar
½ stick (4 tablespoons) butter, cut into small pieces
½ teaspoon vanilla extract
½ cup cold water
3 pounds tart apples

Preheat the oven to 350°F.

Prepare the short crust pastry in advance.

Generously butter a tart pan and spread brown sugar evenly. Place butter pieces on the brown sugar. Add the vanilla extract. Sprinkle with cold water.

Peel and core the apples. Cut them in half. Place in the tart pan, close to each other. Heat pan over medium heat to caramelize the sugar. Boil for 20 minutes. As soon as the apples are golden brown, remove the pan from the heat.

Spread the pastry on a large sheet of floured aluminum foil. Form a circle a little bit larger than the tart pan.

Turn the foil sheet upside down over the apples. Remove the foil sheet and tuck down the borders of the crust against the borders of the pan. Bake for 25 minutes.

Remove the tart from the oven. Place a serving dish above the tart pan. Turn it upside down at once. Serve hot.

*Vous pouvez couper les pommes en quartiers ou en grosses tranches pour accélérer la cuisson. Servie avec une boule de glace à la vanille ou crème fraîche (ou les deux!), ce dessert est une merveille.*

*You can cut the apples in quarters or in large slices for faster cooking. Served with a scoop of vanilla ice cream or sour cream (or both!), this dessert is a real marvel.*

# Bilingual Cookbooks from Hippocrene . . .

## Cooking in the French Fashion
Recipes in French and English
*Stéphanie Ovide*
**Book and audiocassettes (package): 0-7818-0796-4 • $14.95 • W • (228)**

## A Treasury of Italian Cuisine
Recipes, Sayings and Proverbs in Italian and English
*Joseph F. Privitera*
*Illustrated by Sharon Privitera*

Don Peppino (a.k.a Joseph) Privitera outlines the basics of hearty and delicious Italian cooking in this appealing bilingual cookbook. Among the 60 recipes in Italian and English are such staples as *Cozze alla Parmigiana* (Baked Mussels), *Minestrone, Salsa di Pomodoro* (Basic Tomato Sauce), *Ossobuco al Marsala* (Veal Shanks in Marsala), and *Cannoli Siciliani* (Sicilian Cannoli), all adapted for the modern cook and the North American kitchen. Chapters include: Antipasti, Soups, Pasta and Sauces, Meat, Fish and Fowl, Side Dishes, Salads, and Fruits and Desserts. Line drawings, proverbs and bits of folk wisdom add to the volume's charm. This book is the perfect gift for students of the Italian culinary tradition, culture and language.
**146 pages • 5 x 7 • line drawings • 0-7818-0740-9 • $11.95hc • W • (149)**
**Book and audiocassettes (package): 0-7818-0795-6 • $14.95 • W • (181)**

## Treasury of Polish Cuisine
Traditional Recipes in Polish and English
*Maria de Gorgey*

Polish cuisine is noted for its hearty and satisfying offerings, and this charming bilingual cookbook brings the best of traditional Polish cooking to your table—with recipes in Polish and English! Among the chapters included are Soups and Appetizers, Main Courses, Desserts, and 2 special holiday chapters—one devoted to "Wigilia," the festive Polish Christmas Eve Dinner, and one devoted to "Wielkanoc," the Polish Easter Luncheon. All 60 recipes are adapted for the modern North American kitchen, and include such favorites as *Krupnik* (Mushroom and Barley Soup), *Bigos Bolka* (Bolek's Hunter's Stew), *Golabki* (Stuffed Savoy Cabbage), *Pierogi z Czeresniami, Czarnymi Jagodami lub Jablkami* (Pierogi with Cherries, Blueberries, or Apples), and in the Holiday chapters— *Sledzie Marynowane* (Pickled Herring), *Wigilijne Biszkopty z Mlekiem Makowym* (Christmas Eve Biscuits with Poppy Seed Milk), *Mazurek Cyganski* (Easter Gypsy Cake), and *Babka Wielkanocna* (Easter Babka).
**146 pages • 5 x 7 • 0-7818-0738-7 • $11.95hc • W • (151)**
**Book and audiocassettes (package): 0-7818-0794-8 • $14.95 • W • (140)**

# Old Havana Cookbook
## Cuban Recipes in Spanish and English
*Translated by Rafael Marcos*

The cuisine of Cuba, though derived from Spain, its mother country, has been modified and refined by the products of a different soil and the requirements of a tropical climate. Pork dishes, rice, corn, beans, and sugar are essential elements in Cuban cooking. Some of the finest fish in the world can be found in the Gulf Stream, along with unequaled crabs and lobsters, and an almost infinite variety of vegetables and luscious, tropical fruits. This cookbook includes 50 recipes, each in the original Spanish, with side-by-side English translation—all of them classic Cuban fare and Old Havana specialties adapted for the North American kitchen. Among the recipes included are: Ajiaco (famous Cuban Stew), Broiled Pargo with Avocado Sauce, Lobster Havanaise, Tamal en Cazuela (Soft Tamal), Quimbombó (okra), Picadillo, Roast Suckling Pig, and Bonialtillo (Sweet Potato Dulce), along with a whole chapter on famous Cuban cocktails and beverages.

This book is a perfect gift for any cook, novice or gourmet, who wants to learn more about Cuban cuisine and culture, and the Spanish language.

**128 pages • 5 x 7 • illustrations • $11.95hc • 0-7818-0767-0 • W • (690)**
**Book and audiocassettes (package): 0-7818-0797-2 • $14.95 • W • (230)**

# Traditional Russian Cuisine
## Recipes in Russian and English
*Recipes from Alexandra Kropotkin*
*Edited and Translated into Russian by Evgeny Steiner*

From *zavtrak* (breakfast) to *uzhin* (dinner), Russians enjoy hearty meals. This unique bilingual cookbook includes a tempting array of 60 Russian recipes, with side by side English translation. A survey of the tastiest offerings of Russian cuisine, this book includes such classics as Eggplant Caviar, Borsch, Piroshki, Buckwheat Blini, Pickled Herring, Kotleti (Russian meatballs),and Paskha (Russian Easter Dessert). All recipes are presented in an easy step-by-step format and adapted for North American kitchens. They are accompanied by invaluable cultural insights and culinary tips to help the home chef create a true Russian feast—a perfect way to learn more about Russian culture, cuisine and language!

**128 pages • 5 x 7 • illustrations • $11.95hc • 0-7818-0788-3 • W • (121)**
**Book and audiocassettes (package): 0-7818-0798-0 • $14.95 • W • (266)**

# French-interest titles from Hippocrene . . .

## French-English Dictionary of Gastronomic Terms

*B. Luce*

**500 pages • 5½ x 8½ • 20,000 entries • 0-7818-0555-4 • $24.95pb • (655)**

## Hippocrene Children's Illustrated French Dictionary English-French/French-English

"Here comes a completely new English-French Dictionary for small children, ages 5-10. With 500 words illustrated in beautiful colors and with nice pictures, this dictionary covers all aspects of everyday life: animals, flowers, games ..."

*—Journal Français*

**96 pages • 8½ x 11 • ISBN 0-7818-0710-7 • W • $14.95 hc • (797)**

## Tales of Languedoc from the South of France

*Samuel Jacques Brun*

For children to older adults (and everyone in between), here is a masterful collection of folktales from the south of France. Thirty-three beautiful black-and-white illustrations throughout bring magic, life, and spirit to such classic French folktales as "My Grandfather's Tour of France," "A Blind Man's Story," and "The Marriage of Monsieur Arcanvel." Travel to ancient castles, villages, and the French countryside, and experience the romance and adventure in these nine stories.

Here is an ideal gift, a learning tool, and a unique perspective into the rich literature and culture of southern France.

**248 pages • 33 b/w sketches • 5½ x 8¼ • 0-7818-0715-8 • W • $14.95 hc • (793)**

# Classic French Love Poems

*edited by Lisa Neal*

*illustrations by Maurice Leloir*

This lovely gift edition contains 77 inspiring love poems, translated into English from French, the language of love itself, including a complete translation of Paul Géraldy's *Toi et Moi*. Also featured are 25 beautiful illustrations from famous artist Maurice Leloir.

**111 pages • 6 x 9 • illus. • 0-7818-0573-2 • $17.50hc • (672)**

# Bilingual French interest titles from Hippocrene . . .

## TREASURY OF FRENCH LOVE POEMS, QUOTATIONS AND PROVERBS

*Richard A. Branyon, editor and translator*

This beautiful gift volume contains poems, quotations and proverbs in French with side by side English translation. Includes selections from Baudelaire, Hugo, Rimbaud and others. Also available in audio cassette read by native French speakers and American actors.

**128 pages • 5 x 7 • W • $11.95hc • 0-7818-0307-1 • (344)**
**Audiobook: 0-7818-0359-4 • W • $12.95 • (580)**

## TREASURY OF CLASSIC FRENCH LOVE SHORT STORIES IN FRENCH AND ENGLISH

*edited by Lisa Neal*

These 10 short stories span eight centuries of French literature. Nine celebrated French writers are represented: Marie de France, Marguerite de Navarre, Madame de Lafayette, Guy de Maupassant, Rétif de la Bretonne, Alphonse Daudet, Auguste de Villiers de l'Isle, Gabrielle-Sidonie Colette, and Jean Giono. The text includes the original French with side by side English translation.

**159 pages • 5 x 7 • 0-7818-0511-2 • W • $11.95hc • (621)**

# DICTIONARY OF 1,000 FRENCH PROVERBS

*edited by Peter Mertvago*

Organized alphabetically by key words, this bilingual reference book is a guide to and information source for a key element of French.

**131 pages • 5 x 8 • 0-7818-0400-0 • $11.95pb • (146)**

# COMPREHENSIVE BILINGUAL DICTIONARY OF FRENCH PROVERBS

*Monique Brezin-Rossignol*

Francis Bacon once remarked that the genius, wit and spirit of a nation can be discovered in its proverbs. This unique bilingual collection includes 6,000 French proverbs, arranged in alphabetical order in French and English.

**400 pages • 5 x 8 • 6,000 entries • 0-7818-0594-5 • $24.95pb • (700)**

All prices subject to change without prior notice. **To purchase Hippocrene Books** contact your local bookstore, call (718) 454-2366, or write to: HIPPOCRENE BOOKS, 171 Madison Avenue, New York, NY 10016. Please enclose check or money order, adding $5.00 shipping (UPS) for the first book and $.50 for each additional book.